तुम अनंत हो

भीतर छुपी शक्ति को जगाने की यात्रा

डॉ. मुकेश अग्रवाल

विषय सूची

मन की बात

भाग 1: स्वयं की खोज

तुम कौन हो? 9
- देह, मन, बुद्धि और आत्मा का रहस्य

भीतर का दर्पण 13
- आत्मनिरीक्षण की कला

मन की गति – इच्छाओं का जाल 17
- रज, तम, सत्त्व की समझ

स्वयं से पहली भेंट 21
- मौन और अकेलेपन की शक्ति

भाग 2: शक्ति का जागरण

विश्वास – अंतर्यात्रा का पहला कदम 25
- आत्मबल और श्रद्धा

संकल्प – चमत्कार की शुरुआत 29
- नियत लक्ष्य का सामर्थ्य

योग – मन-देह की एकता 32
- पतंजलि योगसूत्र के आलोक में

प्राणायाम – ऊर्जा का विस्तार 35
- प्राण की गति से जीवन की वृद्धि

ध्यान – शून्य में अनंत की अनुभूति   38
- प्रारंभिक ध्यान पद्धतियाँ

भाग 3: आत्मविकास की यात्रा

अहंकार और आत्मा में अंतर   42
- मुक्ति की ओर पहला कदम

दुखों से संवाद – पीड़ा का उद्देश्य   44
- संकटों से सीखना

माफ़ करना – अपने लिए आज़ादी   46
- दिल का बोझ हल्का करना

कर्म – नियति से ऊपर उठने की शक्ति   48
- गीता की दृष्टि से

भाग 4: संसार में रहते हुए स्वयं को पाना

रिश्तों में आत्मा की खोज   51
- प्रेम, करुणा और समझ

आध्यात्मिक दिनचर्या – साधक का जीवन   53
- ब्रह्ममुहूर्त से रात्रिकाल तक

वाणी की साधना – शब्दों की ऊर्जा   55
- मौन और भाषण का संतुलन

धन, यश और सत्ता में संतुलन   57
- भोग और योग के मध्य पुल

भाग 5: तुम अनंत हो

स्वामी बनो, सेवक भी रहो   60
- संतुलित नेतृत्व

भीतर का ब्रह्मांड   62
- ध्यान के उच्चतम स्तर

तुम ही दीप हो, तुम ही दिशा   64
- अंतिम बोध और आत्म साक्षात्कार

परिशिष्ट:

प्रेरक आत्ममंथन प्रश्न   66
दैनिक चिंतन अभ्यास   68
अनुशंसित पुस्तकें व श्लोक   70
लेखक से संवाद का निमंत्रण   73

मन की बात

"जो बाहर खोजते हैं, वे भ्रमित होते हैं; जो भीतर उतरते हैं, वे मुक्त होते हैं।"

मानव जीवन का सबसे बड़ा प्रश्न यही है – "मैं कौन हूँ?"
क्या मैं केवल हड्डियों, मांस और रक्त का एक शरीर हूँ?
क्या मैं केवल भावनाओं और विचारों का जाल हूँ?
या फिर मुझमें कुछ ऐसा भी है, जो शाश्वत है, जो न कभी जन्मा, न कभी मरेगा?

इस पुस्तक की यात्रा यहीं से प्रारंभ होती है – भीतर की ओर।

आज का मनुष्य तेज़ी से दौड़ रहा है – नाम, शोहरत, पैसा, उपलब्धियाँ... पर यह दौड़ बाहर की ओर है। वह सब कुछ पा लेने के बाद भी भीतर खाली है। वह शक्तिशाली दिखता है, पर भीतर से टूटा हुआ है। वह हँसता है, पर मुस्कान नकली है। वह जिंदा है, पर जीवन से दूर है।

यह पुस्तक एक आह्वान है – स्वयं की ओर लौटने का।

यह पुस्तक उन आत्माओं के लिए है जो जीवन के गहरे अर्थ की तलाश में हैं, जो अपनी नींद से जागना चाहते हैं, जो जानना चाहते हैं कि – "क्या वास्तव में मैं अनंत हूँ?"

यह कोई धर्म-विशेष की पुस्तक नहीं है। यह न कोई मत है, न कोई वाद। यह अनुभव का आमंत्रण है – एक ऐसी यात्रा का, जहाँ पाठक पन्नों से शब्द नहीं, स्वयं को पढ़ेगा।

यहाँ कोई चमत्कार नहीं होगा, पर चमत्कारी परिवर्तन अवश्य होंगे।

यहाँ कोई सिद्धि नहीं दी जाएगी, पर साधना का रास्ता अवश्य
मिलेगा।
यहाँ कोई वचन नहीं बाँधा जाएगा, पर स्वतः जागृति ज़रूर आएगी।

इस पुस्तक में आपको मिलेगा –

ध्यान की मौन गहराई
योग की शरीर-मन संतुलन कला
आत्मा का बोध
रिश्तों में समझ
जीवन में स्थिरता

और अंत में… स्वयं से साक्षात्कार।

मैं कोई गुरु नहीं हूँ, न ही यह पुस्तक किसी को अनुयायी बनाना
चाहती है।
मैं केवल एक दीप हूँ, जो आपके भीतर के सूर्य को जगाने का
निमित्त है।

तो आइए, अपने भीतर के उस 'अनंत' से मिलते हैं, जो सदियों से
आपका इंतज़ार कर रहा है…
क्योंकि "तुम अनंत हो।"

- डॉ. मुकेश अग्रवाल

भाग 1
स्वयं की खोज

अध्याय 1

तुम कौन हो?

- देह, मन, बुद्धि और आत्मा का रहस्य

"तुम कौन हो?"
यह प्रश्न जितना सरल लगता है, उतना ही गहरा है।
यह प्रश्न जीवन का आरंभ भी है और अंत भी।
जब तक हम इसका उत्तर बाहर ढूंढ़ते हैं – नाम, पद, जाति, धर्म,
पेशा, रिश्तों में – हम भ्रम में रहते हैं।
पर जैसे ही यह सवाल भीतर उठता है, उत्तर भी भीतर ही उगने
लगता है।

1. क्या तुम देह हो?

जब कोई पूछता है "तुम कौन हो?"
हम कहते हैं – "मैं डॉक्टर हूँ, मैं शिक्षक हूँ, मैं माँ हूँ, मैं रमेश हूँ..."
पर ये तो तुम्हारा काम है, नाम है, रोल है – तुम नहीं।
जिस देह को हम "मैं" कहते हैं, वह हर दिन बदलती रहती है –
बाल गिरते हैं, त्वचा झुर्रियों से भरती है, कोशिकाएँ मरती और जन्म
लेती हैं।
तो क्या जो बदलता है, वह तुम हो सकते हो?

2. क्या तुम मन हो?

कुछ लोग कहते हैं – "मैं अपने विचारों और भावनाओं से बना हूँ।"
पर सोचो, तुम्हारे विचार हर क्षण बदलते हैं –
अभी तुम प्रसन्न हो, अगले पल चिंतित।
अगर तुम ही बदलते हो हर पल, तो "तुम" कहाँ स्थिर हो?

तुम वो नहीं हो जो सोचते हो।
तुम वो भी नहीं हो जो महसूस करते हो।

तुम वो हो जो सोच और भावना दोनों को देखता है।

3. क्या तुम बुद्धि हो?

बुद्धि विश्लेषण करती है – तर्क करती है, निर्णय लेती है।
पर बुद्धि भी सीमित है – वह पढ़े हुए, सीखे हुए, अनुभव किए हुए
पर आधारित है।
बुद्धि से तुम विज्ञान समझ सकते हो, पर जीवन का रहस्य नहीं।

बुद्धि एक उपकरण है – उपयोगी है, पर तुम नहीं।
तुम वो नहीं हो जो निर्णय लेता है,
तुम वो हो जो निर्णय लेने वाले को देखता है।

4. तो फिर तुम कौन हो?

तुम साक्षी हो।
तुम चेतना हो।
तुम आत्मा हो।

वह जो सब अनुभव करता है, पर स्वयं अनुभव नहीं होता।
जो सपने में भी मौजूद है, जागरण में भी और गहरी नींद में भी।
जो देह के नष्ट होने पर भी नष्ट नहीं होता।

तुम वह हो जो न कभी जन्मा, न कभी मरेगा।
तुम हो – अनंत, अचल, चैतन्य।

5. स्वयं को जानने की शुरुआत कैसे करें?

दिन में कुछ समय मौन में बैठो।
आँखें बंद करो और देखो – क्या चल रहा है भीतर?
विचार आ रहे हैं – पर तुम विचार नहीं हो।
भावनाएँ उठ रही हैं – पर तुम भावना नहीं हो।

शरीर में हलचल है – पर तुम शरीर नहीं हो।
तो जो यह सब देख रहा है, वह कौन है?
यही खोज – आत्मा की ओर पहला कदम है।

6. उपनिषद क्या कहते हैं?

"नेति-नेति" – "यह नहीं, यह नहीं।"
जो कुछ भी तुम देख सकते हो, सुन सकते हो, अनुभव कर सकते
हो – तुम वो नहीं हो।
तुम वह हो जिसे देखा नहीं जा सकता, केवल जिया जा सकता है।

7. तुम्हारा असली परिचय

तुम न राम हो, न रहीम।
न हिन्दू, न मुस्लिम।
न पुरुष, न स्त्री।
तुम केवल आत्मा हो –
शुद्ध, सच्चिदानंद स्वरूप।
अद्वितीय, अखंड, अमर।

8. समाप्ति नहीं, आरंभ है यह

इस अध्याय का उद्देश्य था तुम्हें तुम्हारी तलाश में लगाना।
अब अगला अध्याय इस यात्रा को गहराई देगा –
जहाँ हम समझेंगे आत्मा के शरीर पर, मन पर और जीवन पर
प्रभाव को।

याद रखो – जब तुम जान लेते हो कि तुम कौन हो,
तो फिर कोई भ्रम नहीं रहता कि जीवन क्या है।

तुम देह नहीं – देह तुम्हारी है।
तुम मन नहीं – मन तुम्हारा है।

तुम बुद्धि नहीं – बुद्धि तुम्हारी है।
तुम आत्मा हो – और आत्मा अनंत है।

अध्याय 2

भीतर का दर्पण – आत्मनिरीक्षण की कला

"तू दौड़ता रहा दुनिया के पीछे,
पर कभी खुद से मिला क्या?"

आत्मनिरीक्षण – स्वयं को देखने की, समझने की, और स्वीकार करने की कला है। यह भीतर झाँकने का दर्पण है, जिसमें व्यक्ति अपना असली चेहरा देखता है – बिना मुखौटे के, बिना भ्रम के।

1. भीतर का दर्पण क्या है?

जिस तरह बाहर देखने के लिए हमें शीशा चाहिए,
वैसे ही आत्मा को देखने के लिए हमें मौन, चिंतन, और साक्षीभाव चाहिए।

भीतर का दर्पण मतलब –
अपने विचारों, भावनाओं, इच्छाओं और कार्यों को जज किए बिना देखना।

2. क्यों ज़रूरी है आत्मनिरीक्षण?

आज की दुनिया हमें बाहर देखने की शिक्षा देती है –
कौन क्या कर रहा है, किसने क्या कहा, कौन आगे निकला।

पर जीवन में स्थिरता, शांति और सच्चा विकास तभी आता है जब हम भीतर देखते हैं।

बिना आत्मनिरीक्षण के जीवन एक दिशाहीन यात्रा बन जाता है।

3. कैसे करें आत्मनिरीक्षण?

1. प्रतिदिन मौन का समय निकालो (10-15 मिनट)

बैठो, आँखें बंद करो, और अपने भीतर के विचारों को आने दो। मत टोकना, मत दबाना — बस देखो।

2. "आज मैंने क्या सोचा, कहा और किया?"

दिन के अंत में यह तीन प्रश्न स्वयं से पूछो।

3. "मैंने कब अपने सच्चे स्वभाव से विचलन किया?"

इससे तुम पहचान पाओगे कि तुम्हारे भीतर कौन-सा दोष या कमजोरी काम कर रही है।

4. लिखो – Journaling

अपने विचारों और भावनाओं को लिखना आत्मनिरीक्षण की बहुत प्रभावशाली विधि है।

4. आत्मनिरीक्षण बनाम आत्मआलोचना

आत्मनिरीक्षण का अर्थ है देखना,
आत्मआलोचना का अर्थ है दोष देना।

आत्मनिरीक्षण करुणा से होता है,
आत्मआलोचना कठोरता से।

सच्चा आत्मनिरीक्षण आपको गिराने के लिए नहीं, उठाने के लिए होता है।

5. महापुरुषों की दृष्टि में आत्मनिरीक्षण

स्वामी विवेकानंद: "हर रात यह सोचो कि तुमने आत्मा के लिए क्या किया।"

महात्मा गांधी: "मौन के क्षणों में मैंने स्वयं को पाया है।"

भगवद्गीता: "मनुष्य स्वयं ही अपना मित्र है और स्वयं ही अपना शत्रु।"

6. जब भीतर झाँकते हो, तब...

क्रोध का कारण समझ आता है।
ईर्ष्या का स्रोत पकड़ में आता है।
आनंद का असली स्वरूप प्रकट होता है।
भीतर देखने पर अहंकार टूटता है और विनम्रता उपजती है।

7. आत्मनिरीक्षण की बाधाएँ

व्यस्तता

आत्मसुख की तलाश
असहज सत्य से भागना
तकनीक की लत

पर याद रखो —
जो भीतर का सामना करता है, वही बाहर से निडर बनता है।

8. भीतर का दर्पण: सरल अभ्यास

प्रतिदिन रात सोने से पहले 5 मिनट का "मन-रिव्यू"

सप्ताह में एक बार "मौन-दिन"

महीने में एक बार "स्वयं से साक्षात्कार" — एकांत में जाकर
अपने जीवन के मूल प्रश्न पूछो।

9. अंत में

भीतर का दर्पण टूटता नहीं,
वो तुम्हें तोड़कर नया बनाता है।

जब तुम स्वयं को देखना शुरू करते हो —
तब ही तुम वास्तव में जीना शुरू करते हो।

यही आत्मनिरीक्षण तुम्हें आत्मबोध की ओर ले जाता है।
यही यात्रा है – शरीर से आत्मा तक, भ्रम से सत्य तक।

अध्याय 3

मन की गति – इच्छाओं का जाल

- रज, तम, सत्त्व की समझ

"मन तो वायु से भी तेज है,
इच्छाएँ उसकी लगाम हैं।
पर जिसने इन्हें जाना,
वही बना आत्मा का सच्चा स्वामी।"

1. मन की प्रकृति: चंचल, कल्पनाशील और अस्थिर

मन कभी एक स्थान पर नहीं ठहरता।
वह एक पल में अतीत में जाता है, अगले पल भविष्य की कल्पनाएँ
करता है।
और इस यात्रा में वह इच्छाओं के जाल में फँसता जाता है।

इच्छा — सबसे सूक्ष्म पर सबसे प्रबल शक्ति है जो मन को बाँधती
है।

2. इच्छाओं का जन्म कैसे होता है?

इंद्रियों द्वारा देखे-सुने-सूंघे गए विषयों से
तुलना और प्रतियोगिता से
अधूरी पहचान की पूर्ति की आशा से
चेतना जब बाहर बहती है, इच्छा बन जाती है।
जब भीतर लौटती है, अनुभव बन जाती है।

3. त्रिगुण: रज, तम, सत्त्व की भूमिका

भगवद्गीता में कहा गया है कि सम्पूर्ण प्रकृति तीन गुणों से बनी है:

रज, तम, और सत्त्व – ये ही मन की गति और इच्छाओं को संचालित करते हैं।

1. रज (क्रियाशीलता, इच्छा, असंतुलन)

मन को बाहर की ओर खींचता है
इच्छा, वासना, गुस्सा, अहंकार में वृद्धि
सफलता की भूख, दिखावा, स्पर्धा

"रजगुणी व्यक्ति अधिक चाहता है, पर कम पाता है।"

2. तम (अज्ञान, जड़ता, आलस्य)

इच्छाओं को कुंठित करता है
मोह, भय, निराशा, भ्रम
व्यक्ति को निष्क्रिय और निर्बल बना देता है

"तमसिक मन न तो समझता है, न ही प्रयास करता है।"

3. सत्त्व (ज्ञान, संतुलन, शुद्धता)

इच्छाओं को विवेक में बदलता है
प्रेम, करुणा, संतोष, आत्मनिष्ठता
आध्यात्मिक उन्नति की ओर ले जाता है
"सात्त्विक मन शांत होता है, और स्पष्ट देख सकता है।"

4. मन के स्तर और इच्छाओं का जाल

मन का स्तरप्रमुख गुणइच्छा का प्रकारतमसिक मनआलस्य, अवसादखाने, सोने, बचने की इच्छारजसिक मनलालसा, क्रोधपाने, जीतने, दिखाने की इच्छासात्त्विक मनशांति, संतुलनदेने, जानने, जुड़ने की इच्छा

5. मन पर विजय कैसे पाएं?

1. जागृति (Awareness):

हर इच्छा से पहले पूछो —
"क्या यह सच में मेरी जरूरत है या सिर्फ सामाजिक असर?"

2. विवेक (Discernment):

रज और तम के प्रलोभनों को पहचानो।

3. प्रसाद बुद्धिः

कर्म करो, फल की इच्छा को ईश्वर पर छोड़ो।
(जैसा गीता में कहा गया है – "कर्मण्येवाधिकारस्ते...")

4. ध्यान और स्वाध्याय:

मन को भीतर मोड़ना, ग्रंथों और आत्मचिंतन के द्वारा।

5. सात्त्विक जीवनशैली:

भोजन, संगत, दिनचर्या और विचार — सब सात्त्विक बनाओ।

6. एक प्रेरक कथा: राजा और मन का दर्पण

एक राजा को उसकी इच्छाएँ शांति नहीं लेने देती थीं।
वह हर दिन नया कुछ चाहता, पर संतुष्ट कभी नहीं हुआ।

एक संत ने उसे एक दर्पण दिया, जो केवल मन की स्थिति दिखाता
था।
राजा ने देखा — उसका मन एक लालची बंदर की तरह इधर-उधर
कूद रहा है।

राजा ने तब से प्रतिदिन एक घंटे मौन साधना शुरू की।
धीरे-धीरे मन शांत हुआ, और इच्छाएँ बुद्धि के अधीन होने लगीं।

यह वही शक्ति है – आत्मनिरीक्षण और संतुलन की।

7. अंत में

इच्छाएँ बंद नहीं होंगी,
पर उन्हें दिशा दी जा सकती है।

मन की गति को दिशा देने के लिए
ज़रूरी है –
गुणों की समझ, विवेक की दृष्टि, और ध्यान की गहराई।

अध्याय 4

स्वयं से पहली भेंट

- मौन और अकेलेपन की शक्ति

"जो व्यक्ति अकेले बैठ सकता है,
वही स्वयं से मिल सकता है।
जो मौन की भाषा समझता है,
वही आत्मा की आवाज़ सुन सकता है।"

1. हम क्यों डरते हैं अकेलेपन से?

आज का मनुष्य भीड़ में रहकर भी अकेला है,
और अकेले रहना उसे डरावना लगता है।

क्यों?

क्योंकि अकेलापन हमें अपने भीतर के खालीपन से मिला देता है
एक ऐसा सन्नाटा जहाँ न दिखावा है, न बहाना।
परंतु यही सन्नाटा आत्मा की पहली सीढ़ी बन सकता है।

2. मौन का अर्थ: चुप्पी नहीं, चेतना

मौन केवल शब्दों का न होना नहीं है,
यह विचारों का विश्राम है।

मौन में मन अपनी जड़ों तक लौटता है।
मौन हमें प्रतिक्रियाओं से प्रतिक्रिया-रहित अवस्था की ओर ले जाता
है।
मौन आत्मनिरीक्षण का द्वार खोलता है।

कबीर कहते हैं – "बोलै ता बानी बखे, चुप रहै ता मूरख कहै,
ऐसी बानी बोलिए, ज्यों पा पवन सुहाय।"

3. अकेलापन और एकांत: अंतर को समझें

अकेलापन (Loneliness):
जब हम बाहरी जुड़ाव को खोते हैं, और भीतर खालीपन महसूस
होता है।

एकांत (Solitude):
जब हम अपने भीतर जुड़ते हैं और स्वयं को पाते हैं।

अकेलापन दुख देता है,
एकांत ज्ञान देता है।

4. मौन की साधना कैसे शुरू करें?

1. दैनिक 10-15 मिनट मौन व्रत लें:
बिना बोले, बिना मोबाइल, सिर्फ श्वास के साथ।

2. प्रकृति में समय बिताएं:

पत्तों की सरसराहट, पक्षियों की ध्वनि — मौन का संगीत हैं।

3. लेखन या जर्नलिंग करें:

अपने विचारों को लिखने से स्वयं से संवाद शुरू होता है।

4. आँखें बंद कर स्वयं से पूछें:

 "मैं कौन हूँ?" — और बस उत्तर की प्रतीक्षा करें।
शब्द नहीं आएँगे, पर अनुभव अवश्य होगा।

5. एक प्रेरक अनुभव: बुद्ध और मौन

भगवान बुद्ध से किसी ने पूछा —
  "आप सदा मौन क्यों रहते हैं?"

बुद्ध मुस्कराए और कहा —
  "मौन सबसे गहरा उत्तर है उस प्रश्न का, जो मनुष्य स्वयं है।"

उनके मौन में इतनी शक्ति थी कि शिष्य घंटों बैठे रहते,
बिना बोले, लेकिन भीतर बहुत कुछ घटित होता था।

6. मौन में क्या मिलता है?

आत्मा की ध्वनि
मन की गति की समझ
कर्मों के पीछे छिपे भावों का दर्शन

और सबसे महत्वपूर्ण —
स्वयं से पहली भेंट।

7. एकांत से डर नहीं, प्रेम करें

जैसे शरीर को भोजन चाहिए,
वैसे आत्मा को मौन और अकेलापन चाहिए।

यदि हर दिन आप केवल कुछ मिनट
खुद के साथ मौन में बैठ सकें —
आपका जीवन बदल सकता है।

अंत में:
जब आप मौन में बैठते हैं,
तो संसार का शोर छंटता है
और भीतर से एक आवाज़ आती है —
"मैं हूँ... और यही पर्याप्त है।"

भाग 2

शक्ति का जागरण

अध्याय 5

विश्वास – अंतर्यात्रा का पहला कदम
आत्मबल और श्रद्धा

"बिना विश्वास के कोई यात्रा शुरू नहीं होती,
और बिना श्रद्धा के कोई आत्मा खिल नहीं सकती।"

1. विश्वास क्या है?

विश्वास कोई तर्क नहीं,
यह अनुभूति है।

यह वह दीप है जो अंधेरे में भी रौशनी देता है,
जब बाहर कोई सहारा नहीं,
तो भीतर का भरोसा ही दिशा देता है।

विश्वास वह शक्ति है,
जो एक सामान्य व्यक्ति को असामान्य बना देती है।

2. आत्मबल – भीतरी शक्ति का जागरण

आत्मबल वह शक्ति है जो कठिन परिस्थितियों में भी हमें टिकाए
रखती है।
यह बाहरी संबल से नहीं, अपने भीतर से आता है।
आत्मबल विश्वास से जन्म लेता है।

राम को वनवास मिला,
सीता हरण हुई,
पर आत्मबल बना रहा –
और अंततः विजय हुई।

3. श्रद्धा – समर्पण की गहराई

श्रद्धा का अर्थ है —
पूरा समर्पण, बिना संदेह के।

जब हम गुरु पर, मार्ग पर, और स्वयं पर श्रद्धा करते हैं,
तब रास्ता कठिन नहीं लगता।

श्रद्धा हमें संदेह से मुक्त करती है।

श्रीराम ने गुरु वशिष्ठ पर श्रद्धा रखी,
कृष्ण ने संदीपनी ऋषि पर,
और अर्जुन ने श्रीकृष्ण पर।
यही श्रद्धा उन्हें महान बना गई।

4. विश्वास क्यों टूटता है?

जब हम परिणामों से जुड़े रहते हैं, तो विश्वास हिलता है।

जब हम दूसरों की अपेक्षाओं पर विश्वास करते हैं, पर स्वयं पर नहीं,
तब टूटता है।

असफलताओं से नहीं, अविश्वास से हार होती है।

एक दीपक हज़ारों बार बुझता है,
पर हर बार जलाया जा सकता है —
यदि बत्ती और तेल बचा हो।
वैसे ही विश्वास भी बार-बार उठाया जा सकता है।

5. कैसे बढ़ाएं आत्मबल और श्रद्धा?

* सकारात्मक संगति रखें:

सत्संग, प्रेरणादायक पुस्तकें, संतों का मार्गदर्शन।

* प्रतिदिन स्वयं से संवाद करें:

"मैं समर्थ हूँ। मैं चल रहा हूँ। मैं पहुंचूंगा।"

* आत्म-अनुशासन:

नित्य योग, ध्यान, और संयम से आत्मबल बढ़ता है।

* भरोसा रखें कि राह दिखेगी:

पग बढ़ाइए — मंज़िल स्वयं आपके पथ पर आएगी।

6. एक प्रेरक कथा: हनुमान का आत्मबल

राम ने कहा –
   "लंका पार करो।"
हनुमान ने उत्तर दिया – "मैं प्रयास करूँगा।"

जामवंत ने याद दिलाया –
   "तुम उड़ सकते हो, तुमने सूर्य को निगलने का प्रयास किया था।
"

और विश्वास जागा।

एक पल में हनुमान आकाश में थे –
क्योंकि उन्हें खुद पर विश्वास हो गया था।

7. आत्मा की यात्रा का पहला पग – विश्वास

जब आप इस 21 दिन की जीवनयात्रा में आगे बढ़ते हैं,
तो सबसे पहले अपने भीतर यह बोइए —

"मैं कर सकता हूँ।
मैं जान सकता हूँ।
मैं अनुभव कर सकता हूँ।
क्योंकि मुझमें वह शक्ति है जो ब्रह्मांड में है।"

अध्याय 6

संकल्प – चमत्कार की शुरुआत
नियत लक्ष्य का सामर्थ्य

"जहाँ संकल्प है, वहाँ चमत्कार अपने आप होते हैं।
संसार संकल्पशील आत्मा के आगे नतमस्तक होता है।"

1. संकल्प क्या है?

संकल्प केवल एक सोच नहीं,
यह एकनिष्ठ दिशा है —
मन, वचन और कर्म का एकसूत्र में बंधना।

यह वह आंतरिक घोषणा है
जिससे ब्रह्मांड तक झुक जाता है।

"मैं करूँगा" –
यह वाक्य तभी प्रभावशाली होता है
जब उसके पीछे संकल्प की अग्नि हो।

2. संकल्प और साधक का संबंध

जैसे तीर के लिए धनुष जरूरी है,
वैसे साधना के लिए संकल्प जरूरी है।

बिना संकल्प के साधना दिशाहीन होती है।

संकल्प ही साधक को अडिग बनाता है।

महर्षि दधीचि ने अस्थियाँ दान करने का संकल्प लिया,
वह केवल सोच नहीं, आत्मनिष्ठ बल था।

3. संकल्प क्यों आवश्यक है?

लक्ष्य स्पष्ट न हो तो ऊर्जा बिखर जाती है।
संकल्प हमें बिखरने नहीं देता।
यह ध्यान, योग, आत्म-अनुशासन की रीढ़ है।

संकल्प विहीन साधना –
नाव के बिना तैराकी जैसी है।

4. संकल्प का सामर्थ्य: विज्ञान और अध्यात्म में

अध्यात्म में: सावित्री ने यमराज से अपने पति को संकल्पबल से वापस पाया।
मीराबाई का कृष्ण के प्रति संकल्प उन्हें अजर-अमर बना गया।

विज्ञान में: वैज्ञानिक भी जब प्रयोग में उतरते हैं, तो पहले hypothesis बनाते हैं
यही आधुनिक भाषा में उनका "संकल्प" होता है।

5. कैसे लें प्रभावी संकल्प?

- लक्ष्य स्पष्ट करें:
"मुझे क्या चाहिए?" – इसका उत्तर खोजें।

- मन को केंद्रित करें:
हर दिन ध्यान करें और उसी लक्ष्य को दोहराएँ।

- लिखें और उच्चारण करें:
संकल्प को कागज़ पर लिखें।
प्रातः और रात्रि में 3 बार पढ़ें।

- भावना जोड़ें:
संकल्प में केवल शब्द नहीं,

भाव, चित्र और अनुभूति होनी चाहिए।

- संकल्प को तोड़ने वाले अवरोध

आलस्य: संकल्प का सबसे बड़ा शत्रु।
संदेह: "क्या मैं कर पाऊँगा?" – यह विचार ही संकल्प को खा जाता है।
परिस्थितियाँ: जो दृढ़ हैं, वे उन्हें बदल देते हैं।

7. एक प्रेरक कथा: महात्मा गांधी का नमक सत्याग्रह

महात्मा गांधी ने निश्चय किया –
  "मैं अंग्रेजों के नमक कानून को तोड़ूँगा।"

यह संकल्प था –
निर्बल शरीर में अपार ऊर्जा का संचारक।

वह संकल्प एक आंदोलन बना,
और एक राष्ट्र को स्वतंत्रता दिलाने में सहायक हुआ।

8. आपका 21 दिन का संकल्प क्या है?

स्वास्थ्य का?
ध्यान का?
नकारात्मकता छोड़ने का?
आत्मा से जुड़ने का?

आज ही लिखें।
आज ही प्रण लें।
क्योंकि आज का संकल्प,
कल की सच्चाई बनेगा।

अध्याय 7

योग – मन-देह की एकता
पतंजलि योगसूत्र के आलोक में

"योगः चित्तवृत्तिनिरोधः" – योग मन की चंचलताओं की निवृत्ति है।
जहाँ मन स्थिर होता है, वहीं योग प्रकट होता है।

1. योग का वास्तविक अर्थ

'योग' शब्द संस्कृत की "युज्" धातु से बना है,
जिसका अर्थ है – जोड़ना।
यह जोड़ है:

देह और मन का,
मन और आत्मा का,
आत्मा और परमात्मा का।

योग केवल शारीरिक व्यायाम नहीं,
यह एक जीवनशैली है —
संपूर्ण जीवन को संतुलित और पवित्र बनाने का विज्ञान।

2. पतंजलि योगसूत्र: योग का शास्त्र

महर्षि पतंजलि ने योग को सूत्रों में पिरोया —
संक्षेप में, गहराई से।
उनका पहला सूत्र ही कहता है:

"अथ योगानुशासनम्" –
अब योग का अनुशासन शुरू होता है।
यह आत्म-अनुशासन का मार्ग है।

3. अष्टांग योग: आठ सोपान आत्मविकास के

यम – सामाजिक अनुशासन (अहिंसा, सत्य, अस्तेय, ब्रह्मचर्य, अपरिग्रह)

नियम – आत्मानुशासन (शौच, संतोष, तप, स्वाध्याय, ईश्वरप्रणिधान)
आसन – स्थिर व सुखद मुद्रा
प्राणायाम – प्राणशक्ति का नियमन
प्रत्याहार – इंद्रियों का संयम
धारणा – मन को एकाग्र करना
ध्यान – निरंतर ध्यान की अवस्था
समाधि – आत्मा से पूर्ण एकत्व
यह आठ अंग मिलकर पूर्ण योग बनाते हैं।

4. योग – केवल शरीर नहीं, चेतना की तैयारी

आज योग को केवल असनों तक सीमित कर दिया गया है, परंतु पतंजलि के अनुसार:

आसन केवल एक भाग है,
योग का लक्ष्य है चित्तवृत्ति का शमन।
योग = सुदृढ़ शरीर + स्थिर मन + शुद्ध आत्मा

5. योग कैसे जोड़ता है मन और शरीर को?

जब हम आसन करते हैं,
शरीर के साथ ध्यान भी उसमें एकाग्र होता है।
प्राणायाम से मन की गति धीमी होती है।
ध्यान से विचार शांत होते हैं।
इस प्रकार शरीर, मन और आत्मा का त्रिकोणीय सामंजस्य होता है।

6. आधुनिक जीवन में योग का स्थान

तनाव, अनिद्रा, चिंता – सबका समाधान योग में है।
यह हमें आंतरिक संतुलन देता है।
21वीं सदी में योग एक आधुनिक चिकित्सा पद्धति के रूप में भी
स्थापित हो रहा है।

7. योग: अनुभव का विज्ञान

योग को केवल पढ़ा या समझा नहीं जा सकता –
इसे "किया" जाना चाहिए।
यह एक जीवंत प्रयोग है।

8. एक प्रेरक कथा: स्वामी विवेकानंद और योग

स्वामी विवेकानंद जब अमेरिका में थे,
तो एक दिन उन्होंने कहा:

"योग भारत का उपहार है,
यह न केवल शरीर को स्वस्थ करता है
बल्कि आत्मा को परमात्मा से जोड़ता है।"
आज वही योग, विश्व में International Yoga Day बन चुका है।

9. 21 दिनों में योग को अपनाएँ

हर दिन कम से कम 30 मिनट:
आसन + प्राणायाम + ध्यान

आरंभ करें सूर्य नमस्कार से।
धीरे-धीरे अष्टांग योग की सीढ़ियाँ चढ़ें।

अध्याय 8

प्राणायाम – ऊर्जा का विस्तार
प्राण की गति से जीवन की वृद्धि

1. प्राणायाम क्या है?

'प्राणायाम' दो शब्दों से बना है —
प्राण (जीवन ऊर्जा) और आयाम (विस्तार या नियंत्रण)।
अर्थात्, प्राणायाम है जीवन ऊर्जा की गति और मात्रा को नियंत्रित करने की कला।

यह शरीर और मन को ऊर्जा से भर देने वाला विज्ञान है।

2. प्राण का महत्व

- हमारी सांस में छुपी है जीवन की शक्ति – प्राण।
- जब प्राण मुक्त और संतुलित होता है, तो हम स्वस्थ, ऊर्जावान और प्रसन्नचित्त रहते हैं।
- असमतुलित प्राण से शारीरिक और मानसिक समस्याएं जन्म लेती हैं।

3. प्राणायाम के लाभ

- फेफड़ों की क्षमता बढ़ाता है।
- मन को शांत करता है।
- तनाव, चिंता और अवसाद को कम करता है।
- इम्यून सिस्टम मजबूत बनाता है।
- रक्त संचार सुधरता है।
- ध्यान की गहराई बढ़ाता है।

4. प्रमुख प्राणायाम तकनीकें

अनुलोम-विलोम (नाड़ी शोधन प्राणायाम)
नाक के एक नथुने से सांस लेना, दूसरे से छोड़ना।
ऊर्जा के नाड़ियों को शुद्ध करता है।

* भ्रामरी प्राणायाम

मुँह बंद कर, गहरी सांस लेकर मधुर मधुर गुनगुनाना।
मन को शांत और स्थिर करता है।

* कपालभाति प्राणायाम

तीव्र नाक से सांस बाहर छोड़ना, स्वाभाविक रूप से अंदर लेना।
मस्तिष्क को स्फूर्ति देता है, डिटॉक्स करता है।

* भस्त्रिका प्राणायाम

गहरी और तेज सांस लेना-छोड़ना।
शरीर में ऊर्जा का संचार बढ़ाता है।

5. प्राणायाम कैसे करें?

* आरामदायक आसन में बैठें।
* पीठ सीधी रखें।
* धीरे-धीरे और नियंत्रित सांस लें और छोड़ें।
* शुरुआत में 5-10 मिनट से करें, धीरे-धीरे समय बढ़ाएं।
* ध्यान रखें, साँस में कठिनाई न हो।

6. प्राणायाम का विज्ञान

शरीर में नाड़ी तंत्रिका तंत्र के माध्यम से प्राण यात्रा करता है।

प्राणायाम इन नाड़ियों को संतुलित करता है, जिससे मानसिक स्थिरता आती है।

7. आधुनिक शोध और प्राणायाम

वैज्ञानिक अध्ययनों से पता चला है कि प्राणायाम करने से:

हृदय गति नियंत्रित होती है।
रक्तचाप स्थिर होता है।
मस्तिष्क में ऑक्सीजन का प्रवाह बढ़ता है।
तनाव हार्मोन कम होते हैं।

8. व्यावहारिक सुझाव

सुबह और शाम नियमित प्राणायाम करें।
यदि श्वास सम्बन्धी कोई रोग हो तो विशेषज्ञ की सलाह लें।
संयमित गति से अभ्यास करें, जल्दबाजी न करें।

9. प्राणायाम से जीवन में बदलाव

जब प्राणायाम की आदत पड़ जाती है, तो जीवन में ऊर्जा का स्तर बढ़ता है, मनोबल मजबूत होता है, और आत्मविश्वास आता है। यह हमारे शरीर, मन और आत्मा के बीच की अनदेखी कड़ी को मजबूत करता है।

अध्याय 9

ध्यान – शून्य में अनंत की अनुभूति

- प्रारंभिक ध्यान पद्धतियाँ

1. ध्यान क्या है?

- ध्यान मन को एकाग्र और शांत करने की कला है।
- यह वह अवस्था है जहाँ मन की चंचलता बंद हो जाती है और आंतरिक शांति का अनुभव होता है।
- ध्यान के माध्यम से हम अपने भीतर छुपे शून्य और अनंत का अनुभव कर सकते हैं।

2. ध्यान का महत्व

- मन की उलझनों से मुक्ति मिलती है।
- भावनात्मक स्थिरता आती है।
- तनाव और चिंता कम होती है।
- अंतर्मन से जुड़ाव गहरा होता है।
- आत्म-ज्ञान की प्राप्ति होती है।

3. ध्यान के प्रारंभिक चरण

- आरामदायक स्थान चुनें
- शांत, स्वच्छ और सुखद जगह पर बैठें।
- मोबाइल और अन्य विकर्षणों से दूर रहें।
- सही आसन
- सुखासन, पद्मासन या कुर्सी पर पीठ सीधी रखकर बैठें।
- शरीर स्थिर और आरामदायक हो।
- सांस पर ध्यान केंद्रित करें
- धीरे-धीरे गहरी सांस लें और छोड़ें।

- सांस की गति और आवाज़ को महसूस करें।
- मंत्र या शब्द जप
- कोई सरल मंत्र या शब्द (जैसे "ॐ" , "शांति") मन में दोहराएं।
- इससे मन की एकाग्रता बढ़ती है।
- ध्यान की अवधि
- शुरू में 5-10 मिनट से करें।
- धीरे-धीरे समय बढ़ाते जाएं।

4. ध्यान के प्रकार (प्रारंभिक स्तर के लिए)

सांस-ध्यान (अनुलोम-विलोम के साथ)
सांस की नब्ज पर एकाग्र होना।

मंत्र-ध्यान
किसी पवित्र शब्द या ध्वनि का जप।

चित्र-ध्यान
किसी शांतिपूर्ण चित्र या देवता की छवि पर ध्यान केंद्रित करना।

शरीर-ध्यान (बॉडी स्कैन)
शरीर के हर अंग पर ध्यान देना और उसे आराम देना।

5. ध्यान करने के लिए सुझाव

- रोजाना एक निश्चित समय निकालें।
- शुरुआत में धीरे-धीरे अभ्यास बढ़ाएं।
- मन भटके तो बिना चिंता वापस सांस या मंत्र पर लाएं।
- धैर्य रखें, ध्यान एक कला है जिसे अभ्यास से ही सुधारना होता है।

6. ध्यान के विज्ञान और फायदे

- ध्यान से मस्तिष्क की तरंगें धीमी हो जाती हैं, जिससे मानसिक तनाव कम होता है।
- यह हृदयगति और रक्तचाप को संतुलित करता है।
- ध्यान करने वाले लोगों में याददाश्त और ध्यान केंद्रित करने की क्षमता बढ़ती है।

7. ध्यान की चुनौती और समाधान

- ध्यान में मन भटकना स्वाभाविक है।
- आत्म-दया और पुनः प्रयास ही सफलता की कुंजी है।
- किसी गुरु या योग प्रशिक्षक की मदद से भी ध्यान सीखना आसान होता है।

8. ध्यान के साथ जीवन में परिवर्तन

- जब ध्यान की आदत बन जाती है, तो व्यक्ति के विचार स्पष्ट होते हैं, भावनाएं स्थिर होती हैं और जीवन में संतुलन आता है।
- यह हमारे आंतरिक शून्य में अनंत का एहसास कराता है, जिससे मन की अशांति दूर होती है।

भाग 3

आत्मविकास की यात्रा

अध्याय 10

अहंकार और आत्मा में अंतर

- मुक्ति की ओर पहला कदम

1. अहंकार क्या है?

- अहंकार हमारे 'मैं' की वह छवि है जो हमें दूसरों से अलग और श्रेष्ठ महसूस कराती है।
- यह Ego है — जो हमें अपनी पहचान, सम्मान, और उपलब्धियों से जोड़ता है।
- अहंकार अक्सर भय, घमंड, लोभ, और द्वेष की जड़ होता है।

2. आत्मा क्या है?

- आत्मा वह शुद्ध चेतना है जो न कभी जन्मती है न मरती है।
- यह हमारी सच्ची पहचान है, जो सभी भौतिक सीमाओं से परे है।
- आत्मा शांति, प्रेम, और अनंत ज्ञान का स्रोत है।

3. अहंकार और आत्मा का अंतर

- अहंकार कहता है "मैं सब जानता हूँ", आत्मा कहती है "मैं सीख रहा हूँ।"
- अहंकार दिखावे में जीता है, आत्मा सच्चाई में।
- अहंकार दूसरों को छोटा समझता है, आत्मा सबमें ईश्वर देखती है।
- अहंकार अलगाव लाता है, आत्मा एकता का अनुभव कराती है।

4. अहंकार क्यों मुक्ति का बाधक है?

- अहंकार हमें वास्तविकता से दूर करता है।
- यह हमें भ्रमित करता है कि हम केवल शरीर, नाम, या स्थिति हैं।
- जब तक अहंकार मजबूत रहता है, तब तक आत्मा की शांति और मुक्ति संभव नहीं।

5.   अहंकार से मुक्ति का पहला कद

- स्व-अध्ययन: अपने मन, विचार और भावनाओं को जागरूकता से देखें।
- स्वीकार्यता: अपने अहंकार की सीमाओं को पहचानें और उसे स्वीकारें।
- विनम्रता: अहंकार के विरुद्ध विनम्रता और करुणा का विकास करें।
- ध्यान और आत्मनिरीक्षण: रोज ध्यान करके अपने भीतर छिपी सच्चाई से जुड़ें।
- सेवा भाव: दूसरों की मदद और सेवा में अहंकार का क्षय होता है।

6. आत्मा से जुड़ने के उपाय

- निरंतर ध्यान और प्रार्थना।
- अपने कर्मों को निःस्वार्थ बनाना।
- सांसारिक इच्छाओं से ऊपर उठना।
- गुरु और शास्त्रों का मार्गदर्शन लेना।
- स्वयं को पर्यवेक्षक की भांति देखना।

7. मुक्ति की ओर पहला कदम

- अहंकार को पहचानकर उसे धीरे-धीरे त्यागना ही मुक्ति की शुरुआत है।
- यह कठिन है, लेकिन संभव है यदि हम सचमुच अपने भीतर की आत्मा को जानने का प्रयास करें।
- मुक्ति का अर्थ है अहंकार के बंधनों से मुक्त होकर शाश्वत शांति का अनुभव।

8. अंत में

अहंकार और आत्मा के बीच की समझ हमें स्वयं की गहरी खोज में ले जाती है।
यह अंतर समझना ही आध्यात्मिक यात्रा की नींव है।
जब अहंकार मुरझा जाता है, तब आत्मा की असली चमक प्रकट होती है।

अध्याय 11

दुखों से संवाद – पीड़ा का उद्देश्य - संकटों से सीखना

1. दुख और पीड़ा क्या हैं?

दुख जीवन का अनिवार्य हिस्सा हैं। वे केवल हमारी भावनाओं को छूते नहीं, बल्कि हमारे व्यक्तित्व और चेतना को भी आकार देते हैं।
पीड़ा हमें अंदर से परखा जाता है, वह हमारे विकास का माध्यम बनती है।

2. पीड़ा का उद्देश्य

स्वयं की गहराई जानना: दुख हमें अपने भीतर झांकने और छुपी कमजोरियों से सामना करने का मौका देता है।
परिवर्तन का सन्देश: दुख अक्सर संकेत देता है कि जीवन में कुछ बदलने की जरूरत है।
आत्मिक विकास: संकटों से गुजरने पर हम अधिक सहनशील, समझदार और परिपक्व बनते हैं।
अनुभव और ज्ञान: दुख के अनुभव से जीवन के अर्थ और मूल्य समझ में आते हैं।

3. दुखों से संवाद क्यों ज़रूरी है?

बिना संवाद के दुख दब जाते हैं और तनाव, अवसाद, और अस्वस्थता पैदा करते हैं।

संवाद से हम दुख को समझते हैं और उसे स्वीकार कर पाते हैं।
यह हमें सक्रिय समाधान खोजने और आगे बढ़ने में मदद करता है।

4. दुखों से संवाद के तरीके

स्वयं से संवाद: अपने दुख को स्वीकारें, उसे लिखें या मन में महसूस करें।

ध्यान और आत्मनिरीक्षण: मन को शांत कर दुख के कारणों और उससे मिलने वाले सबक को समझें।
भावनाओं को व्यक्त करना: किसी भरोसेमंद से बात करें या रचनात्मक कार्यों जैसे कला, संगीत, लेखन के माध्यम से बाहर निकालें।
आध्यात्मिक दृष्टिकोण: दुख को कर्म और पुनर्जन्म के संदर्भ में समझना, जो इसे अर्थपूर्ण बनाता है।

5. संकटों से सीखना

हर संकट में छुपा होता है कोई अवसर।
चुनौतियाँ हमें नए कौशल, धैर्य और विवेक सिखाती हैं।
संकट हमें जीवन के प्रति कृतज्ञ और सहानुभूतिशील बनाते हैं।
हमें सिखाती हैं कि हम अकेले नहीं हैं और सभी जीवन में संघर्ष करते हैं।

6. दुखों को स्वीकार कर आगे बढ़ना

स्वीकार्यता दुखों से मुक्ति की पहली सीढ़ी है।
अपने अनुभवों को जीवन की कहानियों में बदलें।
सकारात्मक बदलाव के लिए प्रतिबद्ध हों।
विश्वास रखें कि हर अंधेरे के बाद उजाला होता है।

7. अंत में

दुखों से संवाद हमें न केवल मानसिक और भावनात्मक रूप से मजबूत बनाता है, बल्कि यह हमारी आत्मा को भी परिपक्व करता है।
जब हम पीड़ा का उद्देश्य समझ लेते हैं, तो जीवन की हर कठिनाई एक शिक्षक बन जाती है।
इस तरह हम अपने अंदर की शांति और संतुलन पा सकते हैं।

अध्याय 12

माफ़ करना – अपने लिए आज़ादी
दिल का बोझ हल्का करना

1. माफ़ करने का अर्थ

- माफ़ करना केवल दूसरों की गलतियों को छूट देना नहीं है, बल्कि अपने दिल और मन को मुक्त करना है।
- यह अपने अंदर गहराई से झांक कर नकारात्मक भावनाओं को छोड़ने का तरीका है।

2. माफ़ करने की आवश्यकता क्यों?

- दिल का बोझ हल्का करना: जब हम किसी को माफ़ नहीं करते, तो क्रोध, घृणा और कड़वाहट हमारे मन को जकड़ लेती है।
- स्वास्थ्य पर सकारात्मक प्रभाव: रिसर्च से पता चला है कि माफ़ करने से तनाव कम होता है और शारीरिक स्वास्थ्य बेहतर होता है।
- आत्मिक शांति: माफ़ करना हमें अंदर से शांत और खुश बनाता है।

3. माफ़ करने में बाधाएं

अहंकार और गर्व
न्याय की चाहत
भय कि माफ़ करने से हम कमजोर होंगे
यादों का दर्द

4. माफ़ करने की प्रक्रिया

- स्वीकार करना: पहले अपनी चोट और दर्द को स्वीकार करें।
- भावनाओं को व्यक्त करना: अपनी भावनाओं को किसी भरोसेमंद से साझा करें या लिखकर बाहर निकालें।
- समझना: समझें कि हर इंसान से गलतियाँ होती हैं, और वे भी अपने दर्द से लड़ रहे हैं।

- निर्णय लेना: माफ़ करने का सचेत निर्णय लें, यह स्वेच्छा और प्रेम से होना चाहिए।
- आत्मिक अभ्यास: ध्यान, प्रार्थना और सकारात्मक पुष्टि (affirmations) से माफ़ करने में मदद लें।

5. माफ़ करना स्वयं के लिए

- माफ़ करना मतलब अपने आप को भी गले लगाना।
- यह अपने मन को पुराने जख्मों से मुक्त कर, नई ऊर्जा और जीवन के लिए जगह बनाना है।
- माफ़ करने से हम अंदर की कैद से बाहर निकलते हैं और सच्ची आज़ादी पाते हैं।

6. माफ़ करने से जीवन में बदलाव

- संबंधों में सुधार
- मन की शांति और स्थिरता
- मानसिक और शारीरिक स्वास्थ्य में सुधार
- जीवन में प्रेम, करुणा और सहनशीलता का विकास

7. व्यावहारिक सुझाव

रोज़ाना कम से कम 5 मिनट ध्यान में 'माफ़ करने'   का अभ्यास करें।
जब भी क्रोध आए, गहरी सांस लें और खुद से कहें, "मैं माफ़ करता/करती हूँ।"
दूसरों की कमियों को स्वीकार करने का प्रयास करें।
माफ़ करने को अपने आध्यात्मिक विकास का हिस्सा बनाएं।

8. अंतिम विचार

- माफ़ करना एक उपहार है जो हम खुद को देते हैं।
- यह न केवल पुराने जख्मों को भरता है, बल्कि हमारे जीवन को नयी ऊर्जा और शांति से भर देता है।
- इससे हम अपने और दूसरों के साथ बेहतर संबंध बना पाते हैं और आत्मा की वास्तविक स्वतंत्रता का अनुभव करते हैं।

अध्याय 13

कर्म – नियति से ऊपर उठने की शक्ति गीता की दृष्टि से

1. कर्म का अर्थ और महत्व

- कर्म का मतलब है हमारे द्वारा किए गए कार्य, क्रियाएँ और प्रयास।
- यह वह माध्यम है जिससे हम अपने जीवन की दिशा निर्धारित करते हैं।
- नियति यानी भाग्य से अलग, कर्म हमें अपनी परिस्थिति बदलने और सुधारने की शक्ति देता है।

2. गीता में कर्म का सार

- भगवद् गीता में भगवान कृष्ण ने अर्जुन को समझाया कि कर्म करना हमारा धर्म है।
- कर्मफल की चिंता किए बिना कर्म करना (निष्काम कर्म) ही आत्मा की शुद्धि का मार्ग है।
- कर्म हमारे स्वभाव और स्थिति के अनुसार होता है, लेकिन उसकी निष्ठा और समर्पण महत्वपूर्ण है।

3. कर्म और नियति का संबंध

- नियति हमारे जन्म और प्रारंभिक परिस्थितियों को दर्शाती है।
- कर्म वह साधन है जिससे हम नियति को चुनौती दे सकते हैं और उसे बदल सकते हैं।
- कर्म का फल कभी-कभी तुरंत नहीं मिलता, लेकिन वह निश्चित रूप से हमारे जीवन को आकार देता है।

4. निष्काम कर्म का महत्व

- बिना फल की इच्छा के कर्म करने को निष्काम कर्म कहते हैं।
- यह मन को तनावमुक्त और एकाग्र बनाता है।
- ऐसा कर्म व्यक्ति को मुक्त करता है और आत्मा की उन्नति करता है।

5. कर्मयोग: गीता का मार्ग

- कर्मयोग वह योग है जो कर्म के माध्यम से मुक्ति का मार्ग दिखाता है।
- इसमें कर्म को ईश्वर को समर्पित कर दिया जाता है।
- यह जीवन को धर्मपरायण, समर्पित और संतुलित बनाता है।

6. कर्म के माध्यम से आत्मनिर्भरता

- कर्म हमें दूसरों पर निर्भर रहने से मुक्त करता है।
- यह हमारी स्वयं की शक्ति, साहस और नियंत्रण की भावना बढ़ाता है।
- कर्म से हम अपने जीवन की जिम्मेदारी खुद लेते हैं।

7. जीवन में कर्म की भूमिका

- कर्म से हम लक्ष्य प्राप्त करते हैं, सपने साकार करते हैं।
- कर्म जीवन के उतार-चढ़ाव में स्थिरता देता है।
- यह हमारे चरित्र और आत्मबल को मजबूत बनाता है।

8. अंतिम विचार

- कर्म वह शक्ति है जो नियति की सीमा को पार कर हमें आत्मा की ऊँचाइयों तक ले जाती है।
- गीता की शिक्षाओं के अनुसार, कर्म को ईश्वर को समर्पित कर, फल की चिंता छोड़ कर करें।
- यह न केवल सफलता का मार्ग है, बल्कि मन की शांति और आत्मा की मुक्ति का भी साधन है।

भाग 4
संसार में रहते हुए स्वयं को पाना

अध्याय 14

रिश्तों में आत्मा की खोज
प्रेम, करुणा और समझ

1. रिश्ते: जीवन की आत्मा

- रिश्ते केवल बाहरी संबंध नहीं, बल्कि आत्मा के संवाद का माध्यम हैं।
- सच्चे रिश्ते आत्मा की गहराइयों से जुड़ते हैं और हमें जीवन के सच्चे अर्थ से परिचित कराते हैं।

2. प्रेम: आत्मा का पहला स्पर्श

- प्रेम केवल एक भावना नहीं, बल्कि आत्मा की पहचान है।
- बिना शर्त और निःस्वार्थ प्रेम से ही रिश्ते मजबूत बनते हैं।
- प्रेम में हम अपने अंदर की सीमाओं को तोड़कर दूसरों के लिए खुले हो जाते हैं।

3. करुणा: समझ और सहानुभूति का संचार

- करुणा का अर्थ है दूसरों के दुःख को महसूस करना और उनकी मदद करना।
- रिश्तों में करुणा से विवाद घटते हैं और दिलों में मेल बढ़ता है।
- यह आत्मा के विस्तार का एक रूप है जो हमें मानवता से जोड़ता है।

4. समझ: आत्मा की परस्पर भाषा

- रिश्तों में समझ एक पुल का काम करती है।
- जब हम दूसरों के दृष्टिकोण को आत्मसात करते हैं, तब हम उनके आत्मा से जुड़ते हैं।

- समझ से पैदा होने वाला सम्मान रिश्तों को गहरा और स्थायी बनाता है।

5. आत्मा की खोज के लिए रिश्ते आवश्यक क्यों हैं?

- आत्मा का अनुभव अकेलेपन में नहीं, बल्कि दूसरों के साथ जुड़कर होता है।
- रिश्तों के माध्यम से हम अपने भीतर के प्रतिबिंब को देखते हैं।
- यह यात्रा हमें खुद से और ईश्वर से जोड़ती है।

6. रिश्तों को संवारने के उपाय

- संवाद खुला और सच्चा रखें।
- क्षमा और धैर्य का अभ्यास करें।
- प्रेम और करुणा को प्राथमिकता दें।
- स्वार्थ से ऊपर उठकर सहयोग करें।

7. आध्यात्मिक दृष्टिकोण से रिश्ते

- हर रिश्ता एक अध्यात्मिक गुरु की तरह होता है।
- हमें रिश्तों से मिलते अनुभवों से जीवन की सच्चाई समझनी चाहिए।
- आत्मा की खोज में रिश्ते मार्गदर्शक बनते हैं।

8. अंतिम विचार

- रिश्तों में आत्मा की खोज से जीवन का हर संबंध पवित्र हो जाता है।
- प्रेम, करुणा और समझ की शक्ति से हम न केवल अपने बल्कि दूसरों के जीवन को भी समृद्ध करते हैं।
- यह यात्रा हमें उस आनंद और शांति तक पहुंचाती है जो केवल आत्मा के अनुभव से संभव है।

अध्याय 15

आध्यात्मिक दिनचर्या – साधक का जीवन ब्रह्ममुहूर्त से रात्रिकाल तक

1. आध्यात्मिक दिनचर्या का महत्व

- साधक का जीवन एक अनुशासित दिनचर्या पर आधारित होता है, जो शरीर, मन और आत्मा के संतुलन को बढ़ावा देती है।
- यह दिनचर्या हमें ईश्वरीय चेतना से जोड़ती है और आध्यात्मिक उन्नति का मार्ग प्रशस्त करती है।

2. ब्रह्ममुहूर्त: आध्यात्मिक ऊर्जा का स्रोत

- ब्रह्ममुहूर्त सुबह के लगभग 4:00 से 6:00 बजे तक का समय होता है।
- यह समय मानसिक शांति, ध्यान और साधना के लिए सर्वोत्तम माना गया है।
- इस समय की शीतलता और सन्नाटा ध्यान और प्राणायाम के लिए उपयुक्त वातावरण बनाते हैं।

3. सुबह की शुरुआत: शुद्धि और संकल्प

- ब्रह्ममुहूर्त में उठकर जल नेति, योग और ध्यान का अभ्यास करें।
- स्वच्छता और शारीरिक व्यायाम से शरीर को जागृत करें।
- दिनभर के लिए सकारात्मक संकल्प बनाएं और मन को केंद्रित करें।

4. दिन के मध्य: सतर्कता और सक्रियता

- कार्यों में लगन और ईमानदारी से जुटें।

- भोजन सात्त्विक और संतुलित रखें जिससे ऊर्जा बनी रहे।
- बीच-बीच में प्राणायाम और लघु ध्यान से मन को तरोताजा करें।

5. संध्या का समय: चिंतन और समर्पण

- सूर्यास्त के बाद कुछ समय शांत बैठकर दिनभर के कार्यों का आत्ममंथन करें।
- अपनी गलतियों को स्वीकारें और माफी माँगें।
- ईश्वर या अपने गुरु को समर्पण भाव से प्रार्थना करें।

6. रात्रि विश्राम और मौन

- रात्रि में जल्द सोने का प्रयास करें ताकि शरीर और मन को पर्याप्त विश्राम मिले।
- सोने से पहले ध्यान या श्वास अभ्यास से मन को शांत करें।
- मौन का अभ्यास करें जिससे आंतरिक शांति बनी रहे।

7. आध्यात्मिक दिनचर्या के लाभ

- यह दिनचर्या मन को स्थिर, शरीर को स्वस्थ और आत्मा को प्रफुल्लित करती है।
- निरंतर अभ्यास से तनाव कम होता है और ध्यान की गहराई बढ़ती है।
- जीवन में अनुशासन और उद्देश्य की स्पष्टता आती है।

8. नियमितता का महत्व

- दिनचर्या को नियमित रूप से पालन करना आवश्यक है।
- साधना, योग, ध्यान को अपने जीवन का अभिन्न अंग बनाएं।
- अनियमितता से मन विचलित होता है और प्रगति में बाधा आती है।

अध्याय 16

वाणी की साधना – शब्दों की ऊर्जा मौन और भाषण का संतुलन

1. वाणी का महत्व

- वाणी हमारे मन की अभिव्यक्ति है और इसकी ऊर्जा अत्यंत प्रभावशाली होती है।
- सकारात्मक शब्द न केवल दूसरों को बल्कि स्वयं को भी उन्नत करते हैं।
- नकारात्मक वाणी मानसिक अशांति और संबंधों में तनाव पैदा कर सकती है।

2. शब्दों की शक्ति

- शब्दों में छुपी ऊर्जा हमारे विचारों और भावनाओं को आकार देती है।
- प्रेरक और प्रेमपूर्ण भाषा से वातावरण और मन की शांति बनी रहती है।
- अशिष्ट या कटु शब्द हमारी ऊर्जा को क्षीण करते हैं और नकारात्मक प्रभाव डालते हैं।

3. मौन का महत्व

- मौन एक गहन साधना है, जो मन को शांत करता है और आत्मा से जोड़ता है।
- जब हम अनावश्यक बोलने से बचते हैं, तब ऊर्जा संरक्षित होती है और मानसिक स्पष्टता आती है।
- मौन में भीतर की आवाज़ सुनने का अवसर मिलता है, जिससे आत्मनिरीक्षण संभव होता है।

4. भाषण का संतुलन

- आवश्यक और सार्थक संवाद करें, जिससे रिश्ते और समझ बेहतर हों।
- बोलने से पहले सोचें कि आपके शब्द सकारात्मक और सहायक हों।
- वाणी में मधुरता और विनम्रता बनाए रखें।

5. वाणी की साधना के उपाय

- प्रतिदिन सुबह और शाम शब्दों की शक्ति पर ध्यान करें।
- वाणी पर नियंत्रण के लिए मंत्र जाप या प्रार्थना का अभ्यास करें।
- ध्यान और प्राणायाम से मन को शांति दें, जिससे वाणी शुद्ध और संयमित हो।

6. वाणी और आध्यात्मिकता

- संत संत कहते हैं कि वाणी में शुद्धता आध्यात्मिक प्रगति की कुंजी है।
- शब्दों से बनी ऊर्जा हमारे कर्म और भाग्य को प्रभावित करती है।
- साधना का एक महत्वपूर्ण अंग है वाणी की शुद्धि।

7. निष्कर्ष

- वाणी की साधना से हम अपने जीवन में प्रेम, शांति और सद्भाव ला सकते हैं।
  मौन और भाषण के संतुलन से मन की गहराई में स्थिरता आती है, जो आध्यात्मिक उन्नति के लिए अनिवार्य है।
- शब्दों की शक्ति को समझकर और नियंत्रित करके हम अपने और समाज के जीवन को सकारात्मक दिशा दे सकते हैं।

अध्याय 17

धन, यश और सत्ता में संतुलन
भोग और योग के मध्य पुल

1. धन, यश और सत्ता का महत्व

- जीवन में सफलता के ये तीन पहलू सामान्यतः सभी की आकांक्षा होते हैं।
- धन से सुविधा, यश से सम्मान और सत्ता से प्रभाव मिलता है।
- परंतु इन्हें बिना संतुलन के पाने से मानसिक अशांति और तनाव बढ़ सकता है।

2. भोग की प्रकृति

- भोग या भौतिक सुख जीवन का हिस्सा हैं, लेकिन उनका असंतुलित स्वभाव हानिकारक होता है।
- अत्यधिक लालच, दिखावा और अहंकार जीवन के आध्यात्मिक और सामाजिक पक्षों को कमजोर कर देते हैं।
- भोग में संतोष और संयम आवश्यक है।

3. योग का दृष्टिकोण

- योग हमें भोग के मोह से ऊपर उठकर आंतरिक संतुलन और शांति का मार्ग दिखाता है।
- योग में धन, यश और सत्ता को साधनों के रूप में देखा जाता है, न कि अंतिम उद्देश्य के रूप में।
- योग के अभ्यास से व्यक्ति अपने भीतर की शक्ति को पहचानता है और माया के बंधनों से मुक्त होता है।

4. धन और योग का संतुलन

- धन अर्जित करना आवश्यक है पर उसे साधना और सेवा के लिए उपयोग करना चाहिए।
- योगिक जीवन में धन को अहंकार या लालच से नहीं जोड़ना चाहिए।
- जब धन के प्रति दृष्टिकोण सकारात्मक और संतुलित होता है, तो मानसिक तनाव कम होता है।

5. यश और सत्ता की समझ

- यश और सत्ता बाहरी पहचान हैं, जो स्थायी नहीं होतीं।
- इन्हें विनम्रता और दायित्व की भावना के साथ स्वीकार करना चाहिए।
- सत्ता का सही प्रयोग समाज की सेवा में हो, तभी वह सार्थक बनती है।

6. भोग और योग के मध्य पुल

- योग भोग को नकारता नहीं, बल्कि उसे संतुलित और नियंत्रित करता है।
- भोग और योग के बीच संतुलन बनाए रखने के लिए आत्मनिरीक्षण, संयम और ध्यान आवश्यक हैं।
- यह पुल व्यक्ति को भौतिक और आध्यात्मिक जीवन के बीच समरसता प्रदान करता है।

7. अंतिम संदेश

- धन, यश और सत्ता का सही संतुलन जीवन को सफल, सुखी और सार्थक बनाता है।
- योग के माध्यम से हम भोग की माया से ऊपर उठकर स्थायी शांति और आनंद पा सकते हैं।

भाग 5
तुम अनंत हो

अध्याय 18

स्वामी बनो, सेवक भी रहो
संतुलित नेतृत्व

1. नेतृत्व का सार

- नेतृत्व केवल अधिकार या प्रभुत्व नहीं, बल्कि जिम्मेदारी और सेवा भी है।
- सच्चा नेता वह है जो स्वयं का स्वामी बनकर दूसरों का सेवक बने।
- यह संतुलन समाज और संगठन दोनों में स्थिरता और विकास लाता है।

2. स्वामी का अर्थ

- स्वामी का मतलब है अपने मन, वाणी और कर्म पर नियंत्रण रखना।
- आत्म-नियंत्रण से ही नेतृत्व की नींव मजबूत होती है।
- बिना स्वयं के स्वामी बने, दूसरों का नेतृत्व करना असंभव है।

3. सेवक की भूमिका

- सेवकत्व में विनम्रता, करुणा और दूसरों की भलाई की भावना होती है।
- एक सच्चा नेता अपनी शक्ति का उपयोग सेवा के लिए करता है, न कि वर्चस्व के लिए।
- सेवा से नेतृत्व में गहराई और सम्मान आता है।

4. संतुलित नेतृत्व के गुण

- स्पष्ट दृष्टि और निर्णय क्षमता।

- सहानुभूति और समझदारी।
- संयम और धैर्य।
- दूसरों को प्रोत्साहित करने की क्षमता।

5. आयुर्वेद और योग में नेतृत्व

- आयुर्वेद के अनुसार, त्रिदोष संतुलन और स्वास्थ्य से ही प्रभावी नेतृत्व संभव है।
- योग के आठ अंगों में आत्म-नियंत्रण और सेवा का विशेष स्थान है।
- ध्यान और प्राणायाम से मन को स्थिर कर नेतृत्व में स्पष्टता आती है।

6. नेतृत्व का अभ्यास

- आत्मनिरीक्षण करें कि क्या आप स्वामी और सेवक दोनों हैं?
- दूसरों की सुनें, उनकी आवश्यकताओं को समझें।
- स्वयं को निरंतर सुधारने और सीखने के लिए तैयार रहें।

7. निष्कर्ष

- स्वामी बनकर अपनी शक्तियों का नियंत्रण और सेवक बनकर दूसरों के प्रति समर्पण जीवन और नेतृत्व को सफल बनाते हैं।
- यह संतुलन न केवल व्यक्तिगत विकास बल्कि सामाजिक सौहार्द्र और सामूहिक प्रगति का आधार है।
- स्वामी और सेवक की यह एकता एक महान नेता की पहचान है।

अध्याय 19

भीतर का ब्रह्मांड
ध्यान के उच्चतम स्तर

1. ध्यान का परिचय

- ध्यान मन को एकाग्र और स्थिर करने की प्राचीन कला है।
- यह हमारे भीतर छिपे ब्रह्मांड की खोज का माध्यम है।
- ध्यान से मानसिक अशांति दूर होती है और आत्मा का अनुभव होता है।

2. अंतरात्मा का ब्रह्मांड

- हमारे अंदर एक अनंत, शाश्वत ब्रह्मांड होता है, जिसे अनुभव करना ध्यान का लक्ष्य है।
- यह भीतर का ब्रह्मांड शांति, ज्ञान और प्रकाश से भरा होता है।
- जब मन पूर्णतः शांत होता है, तभी हम इस ब्रह्मांड का अनुभव कर पाते हैं।

3. ध्यान के विभिन्न स्तर

- प्रारंभिक ध्यान: सांस और श्वास पर ध्यान केंद्रित करना।
- गहरा ध्यान: मन के विचारों से परे जाकर शून्यता का अनुभव।
- उच्चतम ध्यान: आत्मा और ब्रह्मांड की एकता का साक्षात्कार।

4. उच्चतम ध्यान का अनुभव

- इस स्तर पर व्यक्ति अपने और परमात्मा के बीच की सीमाएं समाप्त हो जाती हैं।
- अनुभव होता है कि हम ब्रह्मांड का एक अभिन्न हिस्सा हैं।

- यह अनुभव अपार शांति, आनंद और मोक्ष की अनुभूति कराता है।

5. ध्यान के अभ्यास से लाभ

- मानसिक स्पष्टता और स्थिरता।
- भावनात्मक संतुलन और तनाव मुक्ति।
- आध्यात्मिक जागरण और आत्मज्ञान।

6. ध्यान के लिए सुझाव

- नियमित और संयमित अभ्यास करें।
- उपयुक्त स्थान और समय चुनें (जैसे ब्रह्ममुहूर्त)।
- सांस, मंत्र या ध्यान केंद्रित वस्तु का उपयोग करें।

7. निष्कर्ष

- भीतर का ब्रह्मांड खोजने का मार्ग ध्यान है।
- ध्यान के उच्चतम स्तर पर पहुंचकर हम अपने अस्तित्व की सच्चाई और ब्रह्मांड के साथ अपनी एकता को समझ पाते हैं।
- यह अनुभव जीवन को पूर्णता, शांति और आनंद से भर देता है।

अध्याय 20

तुम ही दीप हो, तुम ही दिशा
अंतिम बोध और आत्म साक्षात्कार

1. अंतिम बोध क्या है?

- अंतिम बोध वह गहन समझ है जहाँ आत्मा अपने वास्तविक स्वरूप को जानती है।

- यह अनुभव जीवन के सभी भ्रमों को समाप्त कर देता है।

- बोध के इस स्तर पर व्यक्ति स्वयं में पूर्ण और स्वतंत्र महसूस करता है।

2. तुम ही दीप हो

- हमारा अंदर का आत्म-प्रकाश ही हमारा मार्गदर्शक है।

- बाहर के प्रकाश या दिशा की ज़रूरत तभी होती है जब हम अपने अंदर के दीप को नहीं देखते।

- जब हम अपनी अंतर्निहित शक्ति को पहचान लेते हैं, तो हम अपने जीवन के सभी अंधकार को दूर कर देते हैं।

3. तुम ही दिशा हो

- जीवन में रास्ते और लक्ष्य भीतर से ही आते हैं।

- बाहर की दिशाएँ भ्रमित कर सकती हैं, पर अंतर्मन की आवाज़ सच्ची दिशा दिखाती है।

- आत्म-साक्षात्कार के बाद, हम स्वयं अपने जीवन के निर्माता और मार्गदर्शक बन जाते हैं।

4. आत्म साक्षात्कार के संकेत

- मन की शांति और स्थिरता।
- सभी परिस्थितियों में अडिग रहने की क्षमता।
- प्रेम, करुणा और क्षमा की गहरी अनुभूति।
- 'मैं' के पार जाकर 'हम' का अनुभव।

5. आत्म साक्षात्कार कैसे संभव?

- निरंतर ध्यान, प्रार्थना और आत्मनिरीक्षण से।
- सांस पर ध्यान, मंत्र साधना, और योग का अभ्यास।
- अहंकार और मोह-माया से मुक्त होकर।
- कर्मयोग और भक्ति के मार्ग से।

6. जीवन में अंतिम बोध का महत्व

- यह हमें सच्ची स्वतंत्रता, आनंद और संतुष्टि देता है।
- जीवन की हर चुनौती में हमें स्थिर और निडर बनाता है।
- हमारे संबंधों और कार्यों में गहराई और सार्थकता लाता है।

7. निष्कर्ष

- तुम ही अपने जीवन का दीपक और दिशा हो।
- जब यह बोध हो जाता है, तब जीवन स्वाभाविक रूप से प्रकाशमान हो जाता है।
- यह अंतिम आत्म-साक्षात्कार हमारे अस्तित्व का परम लक्ष्य है, जो हमें शाश्वत शांति और आनंद से भर देता है।

प्रेरक आत्ममंथन प्रश्न

(अपने भीतर झाँकने और छुपी शक्ति को जागृत करने के लिए)

- क्या मैंने कभी अपने भीतर की अनंत शक्ति को महसूस किया है? कब और कैसे?

- मेरे जीवन का अब तक का सबसे बड़ा डर क्या रहा है? क्या वह सचमुच यथार्थ था या मेरे मन की कल्पना?

- क्या मेरी आज की सोच, मेरे बचपन के सपनों के अनुरूप है? यदि नहीं, तो क्यों नहीं?

- क्या मैं अपने आत्मसम्मान को बाहरी मान्यता पर आधारित करता हूँ?

- मेरी तीन सबसे गहरी आंतरिक इच्छाएँ क्या हैं? क्या मैं उनके अनुसार जीवन जी रहा हूँ?

- कौन से तीन विश्वास हैं जो मुझे आगे बढ़ने से रोकते हैं? क्या वे आज भी सत्य हैं?

- मैं जीवन में किन मूल्यों से समझौता कभी नहीं कर सकता?

- क्या मेरी दिनचर्या मेरे जीवन के उद्देश्य से मेल खाती है?

- कौन-सा एक निर्णय, यदि मैं आज ले लूँ तो मेरा जीवन एक ऊँचे स्तर पर पहुँच सकता है?

- क्या मैं स्वयं को क्षमा कर पाया हूँ? और दूसरों को भी?

- जब मैं अकेला होता हूँ, तो मेरे मन में सबसे अधिक कौन-से विचार आते हैं?

- क्या मैं हर परिस्थिति में अपने भीतर की शांति को बनाए रख पाता हूँ?

- मेरी सबसे बड़ी ताकत क्या है, जिसे मैं अभी तक पूरी तरह नहीं पहचान पाया हूँ?

- कौन-सा डर या असुरक्षा मेरी अनंत संभावनाओं को सीमित कर रही है?

- क्या मैं अभी जो जीवन जी रहा हूँ, वही जीवन है जो मैं सच में जीना चाहता हूँ?

- क्या मैंने कभी अपनी आत्मा की आवाज़ को सुना है? उसे कब-कब अनसुना किया है?

- मेरा जीवन दूसरों के जीवन को कैसे स्पर्श कर रहा है?

- यदि मृत्यु आज हो जाए, तो क्या मैं संतुष्ट रहूँगा कि मैंने जी लिया?

- क्या मैं अपने विचारों का स्वामी हूँ या परिस्थितियाँ मेरे विचारों को नियंत्रित करती हैं?

- मैं हर सुबह स्वयं से क्या कहता हूँ? क्या वह मुझे सशक्त करता है?

दैनिक चिंतन अभ्यास

(भीतर की शक्ति को प्रतिदिन जागृत करने हेतु)

1. सुबह का संकल्प (5 मिनट)

हर सुबह आँख खुलते ही, गहरी साँस लें और मन में यह संकल्प दोहराएँ:

"मैं अनंत हूँ।
मेरी चेतना, शक्ति और शांति का स्रोत मेरे भीतर है।
आज का दिन मेरे लिए एक नया अवसर है — स्वयं को और अधिक जानने का।"

2. आत्म-प्रश्न (3 प्रश्न - 5 मिनट)

प्रतिदिन स्वयं से पूछें:
आज मैं किस गुण को अपने भीतर विकसित करना चाहता हूँ?
क्या मैं आज अपने डर या आलस्य पर विजय पा सकता हूँ?
मैं आज किन तीन कार्यों से स्वयं को बेहतर बना सकता हूँ?

3. सकारात्मक पुष्टि (Affirmations) (5 मिनट)

दर्पण में देख कर या ध्यान में बैठकर दोहराएँ:

मैं शक्तिशाली हूँ।
मैं प्रेम और करुणा से भरा हूँ।
मेरे भीतर सभी उत्तर हैं।
हर दिन मैं अपने श्रेष्ठ स्वरूप के करीब आ रहा हूँ।

4. एकाग्रता अभ्यास / ध्यान (10 मिनट)

प्रातः या संध्या को शान्त वातावरण में बैठकर निम्न में से किसी एक बिंदु पर ध्यान केंद्रित करें:
श्वास पर ध्यान

"सोऽहम्" मंत्र जप
हृदय स्थल पर ऊर्जा का अनुभव
भीतर की शांति को महसूस करना

5. रात्रिकालीन आत्ममंथन (5 मिनट)
सोने से पहले एक शांत क्षण लें और दिन पर पुनः दृष्टि डालें:

क्या आज मैंने स्वयं से ईमानदारी रखी?
क्या मैंने अपनी शक्ति और विवेक का सही उपयोग किया?
क्या मैंने किसी के जीवन को सकारात्मक रूप से छुआ?
मैं कल को और बेहतर कैसे बना सकता हूँ?

6. कृतज्ञता सूची (3 मिनट)
हर रात कम से कम 3 चीज़ें लिखें जिनके लिए आप आज कृतज्ञ हैं।

 "कृतज्ञ मन में भय नहीं टिकता,
और भयमुक्त मन ही अनंत का अनुभव कर सकता है।"

नोट:
यह अभ्यास प्रतिदिन करने से न केवल आत्म-चेतना बढ़ेगी, बल्कि
व्यक्ति अपने भीतर छिपे दिव्य सामर्थ्य को पहचानने लगेगा। यह
अभ्यास आत्मानुशासन, आत्मविश्वास और आत्मबल की नींव
रखता है।

अनुशंसित पुस्तकें व श्लोक

(आत्मबोध की यात्रा में सहायक ग्रंथ व दिव्य वचनों का संकलन)

1. अनुशंसित प्रेरणादायक पुस्तकें:

(आध्यात्मिक व आत्मिक जागरण हेतु)

- भगवद्गीता – श्रीकृष्ण के दिव्य उपदेशों से आत्मा की गहराइयों तक पहुँचना
- उपनिषद – आत्मा, ब्रह्म और जीवन के रहस्यों की खोज
- योग वशिष्ठ – वैराग्य, विवेक और आत्मज्ञान पर आधारित गूढ़ संवाद
- अष्टावक्र गीता – "मैं शरीर नहीं, चेतना हूँ" का गूढ़ बोध
- श्रीरामकृष्ण वचनामृत – परमात्मा की सरल अनुभूतियों से भरा हुआ
- स्वामी विवेकानंद की संपूर्ण रचनाएँ – युवा चेतना और आत्मबल का जागरण
- The Power of Now – Eckhart Tolle – वर्तमान क्षण में जीने की कला
- Man's Search for Meaning – Viktor Frankl – जीवन के उद्देश्य की खोज
- The Untethered Soul – Michael A. Singer – आत्मा की स्वतंत्रता का अनुभव
- Awaken the Giant Within – Tony Robbins – भीतर छिपे सामर्थ्य को जगाने की क्रिया

2. प्रेरक श्लोक (आत्मचिंतन हेतु):

(क्लासिक ग्रंथों से चयनित अमृत वचन)

अहं ब्रह्मास्मि

(मैं ब्रह्म हूँ)
– बृहदारण्यक उपनिषद्

त्वमेव प्रत्यक्षं तत्त्वमसि।

(तू ही प्रत्यक्ष तत्त्व है)
– तैत्तिरीय उपनिषद्

न जायते म्रियते वा कदाचित्, नायं भूत्वा भविता वा न भूयः।
अजो नित्यः शाश्वतोऽयं पुराणो, न हन्यते हन्यमाने शरीरे॥

(आत्मा न कभी जन्म लेती है, न मरती है, न नष्ट होती है।)
– भगवद्गीता (2.20)

योगस्थः कुरु कर्माणि सङ्गं त्यक्त्वा धनञ्जय।
सिद्ध्यसिद्ध्योः समो भूत्वा समत्वं योग उच्यते॥

(फल की आसक्ति छोड़े बिना कर्म करना ही योग है।)
– भगवद्गीता (2.48)

उद्धरेदात्मनात्मानं नात्मानमवसादयेत्।
आत्मैव ह्यात्मनो बन्धुरात्मैव रिपुरात्मनः॥

(मनुष्य स्वयं ही अपना मित्र है और स्वयं ही शत्रु।)
– भगवद्गीता (6.5)

तत्त्वमसि

(वह तू ही है)
– छान्दोग्य उपनिषद्
चित्तस्य शुद्धये कर्म, न तु वस्तूपलब्धये।

(कर्म चित्त की शुद्धि के लिए है, वस्तु (ब्रह्म) की प्राप्ति के लिए
नहीं।)
– विवेकचूडामणि

न चोरहार्यं न च राजहार्यं
न भ्रातृभाज्यं न च भारकारि।
व्यये कृते वर्धत एव नित्यं
विद्याधनं सर्वधनात् प्रधानम्॥

(ज्ञान ही वह धन है जो न चोर छीन सकता है, न राजा ले सकता है –
यह सदा बढ़ता ही है।)
– हितोपदेश

निवेदन:
इन ग्रंथों व श्लोकों का नियमित अध्ययन एवं मनन पाठक को
अपने भीतर की अनंत शक्ति से जोड़ता है। इन्हें केवल पढ़ें नहीं —
जिएं।

लेखक से संवाद का निमंत्रण

प्रिय पाठक,

आपने यह यात्रा पूरी की — शब्दों से आगे बढ़कर आत्मा की
गहराइयों तक उतरते हुए।
इस पुस्तक का उद्देश्य केवल विचार देना नहीं, आपके भीतर की
शक्ति को जगा देना था।

यदि इन पंक्तियों ने आपकी चेतना को छुआ है, आपको सोचने,
बदलने या जागने के लिए प्रेरित किया है,
तो मैं आपसे व्यक्तिगत संवाद हेतु आमंत्रित करता हूँ।

आप मुझसे जुड़ सकते हैं–

अपने अनुभव साझा करने के लिए
किसी प्रश्न या आत्ममंथन के उत्तर हेतु
जीवन के किसी मोड़ पर मार्गदर्शन की खोज में
या केवल यह बताने के लिए कि "आपने भीतर कुछ बदला है"

आइए — मिलकर इस अनंत यात्रा को और आगे बढ़ाएँ।
क्योंकि आप अकेले नहीं हैं — और आपके भीतर की शक्ति
सचमुच अनंत है।

आपका आत्मीय,
डॉ. मुकेश अग्रवाल
email:
Website:
Phone:
Social Media:

www.ingramcontent.com/pod-product-compliance
Lightning Source LLC
Chambersburg PA
CBHW040132150726
48005CB00015B/2468